材料を入れて混ぜて焼くだけ。おやつパンも！

ポリ袋でつくる
たかこさんの焼き菓子

稲田多佳子
@caramel milk tea

誠文堂新光社

はじめに

　ボウル、ゴムベラ、泡立て器、粉ふるい。お菓子作りには必要とされてきたこれらの道具を使わず、だれにでもかんたんに、ちゃんとしたおいしいお菓子が作れたら。そんな夢のような思いを実現させる本ができました。

　手作りのお菓子で日々のおやつ時間を楽しみたいけれど、道具をそろえるのは大変そうだし、お菓子作りって何だか難しそう。それに忙しい毎日、後片付けのことを思うとなかなか手が出せなくて……。

　そんな方にこそぜひトライしてみて欲しい、ポリ袋を使ったお菓子作り。洗い物がうんと少ないから後片付けが本当にラク。大きな音も泡立て器のカシャカシャとした金属音もしないので、だれかが近くでテレビを見ていても邪魔にならないし、真夜中や、赤ちゃんがすやすや眠っているそばでだって、お菓子作りを楽しめます。

「ポリ袋でおしゃれ感のあるタルトやパイなんて作れるわけがない。ましてやポリ袋でしっとりふんわりしたケーキ生地を作るの？ そんなのムリムリ！ 百歩譲って、まぁそこそこおいしく作れたとしても、基本的な道具やテクニックを使って作ったものと同じレベルの味や見た目に仕上がるはずがないじゃない」。お菓子作りに慣れた方なら、多分きっとそんなふうに思われるのではないかな、と思います。だって、以前のわたしがそうだったから（笑）。

だけど、そんな先入観や固定観念はちょっと横に置いてみてください。お菓子作りの新しい一面、意外なほどにハマるラクさや面白さを発見してもらえると思います。

ポリ袋で作ったとは言わなければわからないクオリティーのお菓子を、ポリ袋で。お菓子作り初めてさんにも、慣れた方にも、ボウルで作ったものと変わらないおいしさや楽しさを、たくさんの方に実感していただきたいなと思います。

おやつや軽食として日常的に作りたい粉のお菓子が、もっと気軽で身近なものになりますように。そして、そんな気楽なお菓子こそ、ポリ袋で作る製法が一つのスタンダードになれば……と願って。

稲田多佳子

もくじ

はじめに 2
おいしい、かんたんの秘密 4つのベーシックルール 6
基本の道具 8
基本の材料 9

CHAPTER1
ふんわりしっとりケーキとマフィン

 レモンのケーキ 12
　バナナ×チョコレート×クッキーのケーキ 14
　アプリコット×オレンジマーマレードのケーキ 15
　紅茶×白桃のケーキ 16
　コーンのケークサレ 18
 キウイ×白あんのマフィンケーキ 20
　りんごのマフィンケーキ 22
　キャラメル×ダークチョコレートのマフィンケーキ 23
　フルーツミックス×くるみのマフィン 24
　抹茶×小豆のマフィン 26
　クランベリーマフィン 27
　ソーセージ×マスタードのマフィン 28
　ちくわ×カマンベールチーズ×青海苔のマフィン 29

CHAPTER2
ほろほろクッキーと厚焼きソフトビスケット

　メープルの天板クッキー 32
　ジンジャーの天板クッキー 34
　グラノーラ風天板クッキー 35
　マカダミアナッツのクッキー 36
　チョコチップ×コーンフレークのココアクッキー 38
　全粒粉スティッククッキー 40
　ごま塩スティッククッキー 42
　柚子胡椒スティッククッキー 43
　ほうじ茶のコロコロクッキー 44
　紫芋のコロコロクッキー 46
　黒糖×きな粉のコロコロクッキー 47
　プレーンソフトビスケット 48
　ジャムのせソフトビスケット 50

CHAPTER3
バリエが広がる おめかしタルトとさくさくパイ

いちごの焼きタルト　54
パイン×クリームチーズ×ココナッツのタルト　56
甘納豆のタルト　57
ブルーベリージャムのクランブルクッキータルト　58
りんご×シナモンのクランブル　60
ミックスベリーのクランブル　62
バナナ×ピーカンナッツのクランブル　63
トマト×サラミのタルトフランベ　64
オニオン×ベーコンのタルトフランベ　66
きのこのタルトフランベ　67
ダークチェリーのパイ　68
コーヒー×チョコ×マシュマロのパイ　70
ラズベリー×ホワイトチョコレートのパイ　71
いちごのフレッシュパイ　72
オイルサーディン×ミニトマト×ブラックオリーブのパイ　74
サラダのフレッシュパイ　75

CHAPTER4
おなかにうれしい満足感 スコーンとブレッド

プレーンスコーンサレ　78
パセリ×チーズのスコーンサレ　80
くるみ×黒胡椒のスコーンサレ　81
ポピーシードとレモンシュガーのスコーン　82
ココア×栗のスコーン　84
コーヒー×ヘーゼルナッツのスコーン　85
プレーンソーダブレッド　86
いちじくのソーダブレッド　88
マルチシリアルのソーダブレッド　89
オレンジスライスブレッド　90
ハニーアーモンドブレッド　92
黒豆×ラムアイシングブレッド　93
明太子マヨネーズブレッド　94
カラフルベジタブルブレッド　95

レシピの決まり

・レシピ内の大さじは15㎖、小さじ1は5㎖です。
・塩の分量で、ひとつまみは親指、人さし指、中指の3本の指先でつまんだ量です。少々は親指と人さし指の2本の指先でつまんだ量です。
・バターを電子レンジで溶かすときは、ときどき容器をゆするか、中を混ぜながら行ってください。また、溶かしバターは人肌程度に冷めた状態で使用します。
・電子レンジは出力600Wのものを使用しています。
・オーブンはガスオーブンを使用しています。機種や熱源によって焼き時間に違いがでるので、様子を見ながら加減してください。

おいしい、かんたんの秘密
4つのベーシックルール

1 食品用ポリ袋に粉類を入れて、シャカシャカ振る

粉類を入れ空気を入れた状態で、袋の口を4～6回ねじります。また、粉類のかたまりがあったら、袋の外から指ですりつぶします。

50回以上シャカシャカと振ります。これが粉類をふるう作業になります。まんべんなくよく混ざっていればOKです。

2 液体類を入れて外からもむ、または振る

ケーキ、マフィン、パン生地などは、液体類を入れたら、空気を抜いて袋の口を4～6回ねじり、外からなめらかになるまでもみ混ぜます。

クッキー、パイ、スコーンなどは、液体類を入れたら、大きなかたまりがいくつかできるくらい〜ほぼまとまるくらいまで振り混ぜます。

おいしくできてかんたん！　を実現するための基本ルールです。
ケーキ、マフィンなど生地に水分が多いもの、
クッキー、スコーン、パイなど生地に水分が少ないものでは、
途中で少しプロセスが分かれます。
これらのルールを頭に入れておくと、作業がスムーズに進みます。

3　クッキー、パイ、スコーンなどは、ポリ袋を切り開く

袋の2辺を切り開いてシートにし、その上で生地を2つ折りにして手でのすことを繰り返して生地をまとめます。手のひら全体でグッと押し広げるイメージです。

↓

伸ばしたり、切ったり、丸めたりして成形します。

4　オーブンに入れて焼く

とろりとしたゆるい生地の場合、小さな型のときは小さめに、大きな型のときは大きめに袋の隅を切って、生地をしぼり出します。

オーブンへ入れたら、ササッと後片付けをしてお茶の準備をしながら焼き上がりを待ちましょう。

基本の道具

本書のお菓子作りに主に使用した型と道具です。レシピによっては使わないものもありますので、必要に応じて準備しましょう。

1 マフィン型／直径7cm×深さ3cmの型が6個連結されているものを使用。同じサイズのプリンカップや紙製のマフィン型でもOK。**2 ホーローバット**／縦21cm×横16.5cm×深さ3cmの野田琺瑯のキャビネサイズです。同サイズ程度のステンレス製バットでも大丈夫です。**3 グラシンカップ**／耐熱性と耐水性に優れた薄いグラシン紙でできています。マフィン型のサイズに合うものを使います。**4 キッチンばさみ**／ポリ袋の端を切ったり、オーブンシートを型に合わせて切ったりするときに使います。**5 オーブンシート**／敷き紙として、ホーローバットや天板に敷きます。紙製が便利。**6 めん棒**／クッキー生地やパイ生地を伸ばすときに使います。**7 ボウル**／ボウルに直接材料を入れるのではなく、ポリ袋をボウルにかぶせてポリ袋を安定させるために使います。丼などでも代用可。**8 ポリ袋**／縦30cm×横25cm、「中」や「Mサイズ」とされている一般的な食品用ポリ袋です。厚さは0.02mm以上のものを。**9 デジタルスケール**／1g単位で計れるものがお菓子づくりには便利です。**10 計量カップ**／バターを溶かしたり、液体材料を入れる容器として使用。1カップ（200ml）以上が計れるもので、耐熱性のものを。丈夫な耐熱グラスやマグカップでも可。**11 計量スプーン**／少ない分量でもきっちり計れる、小さじ1/2、1/4があると重宝します。**12 スプーンとフォーク**／スプーンは生地の表面をなめらかにするときなどに、フォークは、液状の材料をかき混ぜるときなどに使います。

8

基本の材料

本書で使用した材料をご紹介しますが、手に入るもの、お好みのものでOKです。これらを参考にして材料選びから楽しんでくださいね。

1 薄力粉／「ドルチェ」（江別製粉）を使用しました。小麦の風味がしっかりと感じられるおいしい粉です。**2** 強力粉／「はるゆたか」（江別製粉）を使用。味わい深さの中に甘みのある、しっとりとした粉です。**3** 牛乳／成分無調整で、適度なコクのあるものを。**4** 卵／Lサイズで正味約60gのものを使用しました。**5** アーモンドパウダー／アーモンドを粉状にしたもの。ナッツのコクが加わりお菓子がリッチな味わいになります。**6** きび砂糖／穏やかで自然な色と甘みが特徴です。本書では、入手しやすい日新製糖のきび砂糖を使用しました。グラニュー糖でもOKです。おすすめ。**7** バター／食塩不使用のものを使います。**8** 塩／精製されたものではない、天然の塩を使用しました。**9** ベーキングパウダー／アルミニウムフリーが安心なラムフォードのものを使用。**10** インスタントドライイースト／「サフ インスタントドライイースト（赤）」を使用。**11** オイル／甘いお菓子にはオレインリッチ（ひまわり油）と太白ごま油を、塩気のあるお菓子にはエキストラ・バージン・オリーブオイルを使用。お好みのオイルでOKですが、クセや香りの強すぎないものがおすすめです。**12** 生クリーム／純動物性脂肪で乳脂肪分45〜47％のものを使ってください。**13** ヨーグルト／無糖のプレーンタイプを使用。酸の力でお菓子に軽やかさが生まれます。

CHAPTER1
ふんわりしっとり ケーキとマフィン

ポリ袋の中に材料を入れて、袋のまま混ぜたら、
バットやマフィン型に流し込んで、オーブンへ。
それだけで、ふんわりしっとりとしたおいしいケーキが焼き上がります。
生地は2タイプ、バターがやわらかく香るリッチなケーキ生地と、
バターを溶かす手間のないオイルで作るコクのあるマフィン生地。
どちらもかんたんなので、お好みの生地からトライしてみてくださいね。

レモンのケーキ

ふんわりしっとり、ナチュラルな甘さのケーキに、
レモン果汁をたっぷりしみ込ませて仕上げます。
さわやかな酸味と甘み、そしてバターの香りが口の中に豊かに広がります。

材料（21×16.5×3cmのバット1台分）

A 薄力粉…80g
　アーモンドパウダー…30g
　ベーキングパウダー…小さじ1
　きび砂糖…65g
　塩…少々
バター（食塩不使用）…65g
卵…1個
ヨーグルト…40g
牛乳…30g
レモンの皮のすりおろし…1/2個分
レモン果汁…30g
仕上げ用の粉砂糖…適量

下準備

・卵は室温に戻す。
・バターを電子レンジにかけて溶かす。
・バットにオーブンシートを敷く。
・オーブンを170℃に温める。

作り方

1 Aをポリ袋に入れ、袋の口をねじってしっかりと閉じ、よく振ってふるい合わせる。

2 溶かしたバターに卵を加えてフォークでよく混ぜ、1に加える。同じ容器に続けてヨーグルトと牛乳を混ぜ合わせ、1に加える。レモンの皮も加える。

3 口をねじってしっかりと閉じ、よく振り混ぜて材料をなじませた後、袋の外から生地を揉み混ぜて（50〜60回程度）、まんべんなくなめらかな状態にする。

4 袋の隅をキッチンばさみで切ってバットに生地を入れ、軽くゆするかスプーンの背で表面をならす。170℃のオーブンで25分ほど焼く。

5 ケーキが熱いうちに、レモン果汁をスプーンで表面全体にかける。ケーキが冷めたら、粉砂糖をふって仕上げる。

PROCESS POINT

デジタルスケールの上にボウル（丼などでも可）を置き、ポリ袋をかぶせる。こうすることで袋が安定し、材料をこぼすことなく入れられる。

🍰 バナナ×チョコレート×クッキーのケーキ

とろりと焼けたバナナがたっぷり入った生地の上に、
チョコレートをザクザク割って、クッキーはまるごとトッピング！
みんなの「好き」をたくさん詰め込んでアメリカンなおやつタイムを。

材料（21×16.5×3cmのバット1台分）

A 薄力粉…80g　アーモンドパウダー…30g
　ベーキングパウダー…小さじ1
　きび砂糖…55g　塩…少々
バター（食塩不使用）…65g　卵…1個　ヨーグルト…40g
牛乳…30g　バナナ…1本　板チョコレート…1枚（50g）
クッキー…1パック（65g）
※バニラサンドのココアクッキーがおすすめ。

下準備

・卵は室温に戻す。
・バターを電子レンジにかけて溶かす。
・バナナは一口大程度に切る。
・バットにオーブンシートを敷く。
・オーブンを170℃に温める。

作り方

1 Aをポリ袋に入れ、袋の口をねじってしっかりと閉じ、よく振ってふるい合わせる。

2 溶かしたバターに卵を加えてフォークでよく混ぜ、1に加える。続けてヨーグルトと牛乳を合わせ、1に加える。

3 袋の口をねじってしっかりと閉じ、よく振り混ぜて材料をなじませた後、袋の外側から生地を揉み混ぜて、まんべんなくなめらかな状態にする。

4 袋の隅をキッチンばさみで切ってバットに生地を入れ、軽くゆするかスプーンの背で表面をならす。バナナを挿し込み、チョコレート（小さく割る）とミニオレオをのせ、170℃のオーブンで30分ほど焼く。

14　CHAPTER1　ふんわりしっとりケーキとマフィン

アプリコット×オレンジマーマレードのケーキ

甘ずっぱいアプリコットとオレンジマーマレードの組み合わせを、
バター風味の生地がまろやかに包み込んだ絶品ケーキ。
熱い紅茶と一緒に至福の時間をどうぞ。

材料（21×16.5×3cmのバット1台分）
A 薄力粉…80g　アーモンドパウダー…30g
　ベーキングパウダー…小さじ1
　きび砂糖…60g　塩…少々
バター（食塩不使用）…65g　卵…1個
ヨーグルト…40g　牛乳…30g
アプリコット（缶詰）…12切れ
オレンジマーマレード…50g

下準備
・卵は室温に戻す。
・バターを電子レンジにかけて溶かす。
・アプリコットはキッチンペーパーにのせて汁気を切る。
・バットにオーブンシートを敷く。
・オーブンを170℃に温める。

作り方
1. Aをポリ袋に入れ、袋の口をねじってしっかりと閉じ、よく振ってふるい合わせる。
2. 溶かしたバターに卵を加えてフォークでよく混ぜ、1に加える。続けてヨーグルトと牛乳を合わせ、1に加える。
3. 袋の口をねじってしっかりと閉じ、よく振り混ぜて材料をなじませた後、袋の外側から生地を揉み混ぜて、まんべんなくなめらかな状態にする。
4. 袋の隅をキッチンばさみで切ってバットに生地を入れ、軽くゆするかスプーンの背で表面をならす。オレンジマーマレードを散らし、アプリコットをのせ、170℃のオーブンで25〜30分焼く。

16　CHAPTER1 ふんわりしっとりケーキとマフィン

紅茶×白桃のケーキ

紅茶風味の生地に白桃のまろやかな甘みが溶け込んだ、上品なケーキ。
紅茶の葉はお好みのフレーバーを選んで楽しんで。
ここでは柑橘系の香りがさわやかなアールグレイを使いました。

材料（21×16.5×3cmのバット1台分）

A 薄力粉…75g
　アーモンドパウダー…30g
　ベーキングパウダー…小さじ1
　きび砂糖…60g
　紅茶の葉…4〜5g
　塩…少々
バター（食塩不使用）…65g
卵…1個
ヨーグルト…40g
牛乳…30g
白桃（缶詰）…半割りのもの3切れ

下準備

・卵は室温に戻す。
・バターを電子レンジにかけて溶かす。
・紅茶の葉は細かく刻む。
・白桃は大きめ一口大に切り、
　キッチンペーパーにのせて汁気を切る。
・バットにオーブンシートを敷く。
・オーブンを170℃に温める。

作り方

1 Aをポリ袋に入れ、袋の口をねじってしっかりと閉じ、よく振ってふるい合わせる。

2 溶かしたバターに卵を加えてフォークでよく混ぜ、1に加える。続けてヨーグルトと牛乳を合わせ、1に加える。

3 袋の口をねじってしっかりと閉じ、よく振り混ぜて材料をなじませた後、袋の外側から生地を揉み混ぜて(50〜60回程度)、まんべんなくなめらかな状態にする。

4 袋の隅をキッチンばさみで切ってバットに生地を入れ、軽くゆするかスプーンの背で表面をならす。

5 白桃をのせ、170℃のオーブンで25〜30分焼く。

PROCESS POINT

1 紅茶の葉はティーバッグが便利。葉が大きめの場合は細かく刻む。

2 溶かしバターと卵を混ぜた計量カップは洗わなくてOK。続けてヨーグルトと牛乳を合わせる。

コーンのケークサレ

つぶつぶコーンをたっぷりちらしたケークサレは、
コーンの香ばしい甘さと塩気のある生地が絶妙なハーモニー。
朝ごはんやブランチに、パンの代わりに気軽に焼いてみてください。

材料（21×16.5×3cmのバット1台分）

A 薄力粉…80g
　アーモンドパウダー…30g
　ベーキングパウダー…小さじ1
　きび砂糖…15g
　塩…小さじ1/4
バター（食塩不使用）…65g
卵…1個
ヨーグルト…40g
牛乳…30g
粒コーン（缶詰）…小1缶（120g）
コーンミール…適量

下準備

・卵は室温に戻す。
・バターを電子レンジにかけて溶かす。
・コーンはザルにあげて汁気を切り、キッチンペーパーに広げておく。
・バットにオーブンシートを敷く。
・オーブンを170℃に温める。

作り方

1 Aをポリ袋に入れ、袋の口をねじってしっかりと閉じ、よく振ってふるい合わせる。

2 溶かしたバターに卵を加えてフォークでよく混ぜ、1に加える。続けてヨーグルトと牛乳を合わせ、1に加える。

3 袋の口をねじってしっかりと閉じ、よく振り混ぜて材料をなじませた後、外側から生地を揉み混ぜて（50〜60回程度）、まんべんなくなめらかな状態にする。

4 袋の隅をキッチンばさみで切ってバットに生地を入れ、軽くゆするかスプーンの背で表面をならす。

5 コーンを全体に散らし、菜箸などでぐるっと混ぜてなじませる。コーンミールを振り、170℃のオーブンで25〜30分焼く。

PROCESS POINT

コーンをのせたら、菜箸でぐるぐるっと混ぜると、コーンがほどよく生地になじむ。

キウイ×白あんのマフィンケーキ

真ん中にキウイのスライスをのせて焼いた、
フォトジェニックでとてもかわいらしいマフィンケーキ。
キウイの下にそっと忍ばせた白あんが、意外なほどによく合います。

材料（直径7cmのマフィン型6個分）

A 薄力粉…80g
　アーモンドパウダー…30g
　ベーキングパウダー…小さじ1
　きび砂糖…60g
　塩…少々
バター（食塩不使用）…65g
卵…1個
ヨーグルト…40g
牛乳…30g
白あん…60g
キウイ…1個

下準備

・卵は室温に戻す。
・バターを電子レンジにかけて溶かす。
・キウイは皮を剥いてスライスし、
　キッチンペーパーにのせて汁気を切る。
・マフィン型にグラシンカップを敷く。
・オーブンを170℃に温める。

作り方

1 Aをポリ袋に入れ、袋の口をねじってしっかりと閉じ、よく振ってふるい合わせる。

2 溶かしたバターに卵を加えてフォークでよく混ぜ、1に加える。続けてヨーグルトと牛乳を合わせ、1に加える。

3 袋の口をねじってしっかりと閉じ、よく振り混ぜて材料をなじませた後、外側から生地を揉み混ぜて（50〜60回程度）、まんべんなくなめらかな状態にする。

4 袋の隅をキッチンばさみで小さめに切って型に生地を入れ、スプーンで白あんを等分にのせて軽く埋める。

5 キウイをのせ、170℃のオーブンで23分ほど焼く。

PROCESS POINT

 ## りんごのマフィンケーキ

皮ごと切ったりんごをケーキ生地にゴロゴロ挿し込んで。
ほどよく火の通ったりんごのサクッとした歯ごたえと甘みを楽しむ
カジュアルでキュートなマフィンケーキです。

材料（直径7cmのマフィン型6個分）

A 薄力粉…80g　アーモンドパウダー…30g
　　ベーキングパウダー…小さじ1
　　きび砂糖…65g　塩…少々
バター（食塩不使用）…65g　卵…1個
ヨーグルト…40g　牛乳…30g
りんご…1個

下準備

・卵は室温に戻す。
・バターを電子レンジにかけて溶かす。
・りんごは大きめの一口大に切る。
・マフィン型にグラシンカップを敷く。
・オーブンを170℃に温める。

作り方

1 Aをポリ袋に入れ、袋の口をねじってしっかりと閉じ、よく振ってふるい合わせる。

2 溶かしたバターに卵を加えてフォークでよく混ぜ、1に加える。続けてヨーグルトと牛乳を合わせ、1に加える。

3 袋の口をねじってしっかりと閉じ、よく振り混ぜて材料をなじませた後、外側から生地を揉み混ぜて、まんべんなくなめらかな状態にする。

4 袋の隅をキッチンばさみで切って型に生地を入れ、りんごを等分に挿し込む。170℃のオーブンで25分ほど焼く。

キャラメル×ダークチョコレートのマフィンケーキ

市販の粒キャラメルを生地の中に散りばめました。
とろりと溶け出したキャラメルのやさしい甘さと出会えます。
苦みの効いたダークチョコレートが味の引き締め役に。

材料（直径7cmのマフィン型6個分）
A 薄力粉…80g　アーモンドパウダー…30g
　ベーキングパウダー…小さじ1
　きび砂糖…60g　塩…少々　粒キャラメル…8個
　板チョコレート（ダーク）…30g
バター（食塩不使用）…65g　卵…1個
ヨーグルト…40g　牛乳…35g

下準備
・卵は室温に戻す。
・バターを電子レンジにかけて溶かす。
・粒キャラメルと板チョコレートはそれぞれ細かく刻む。
・マフィン型にグラシンカップを敷く。
・オーブンを170℃に温める。

作り方
1 Aをポリ袋に入れ、袋の口をねじってしっかりと閉じ、よく振ってふるい合わせる。

2 溶かしたバターに卵を加えてフォークでよく混ぜ、1に加える。続けてヨーグルトと牛乳を合わせ、1に加える。

3 袋の口をねじってしっかりと閉じ、よく振り混ぜて材料をなじませた後、外側から生地を揉み混ぜて、まんべんなくなめらかな状態にする。

4 袋の隅をキッチンばさみで切って型に生地を入れ、170℃のオーブンで23分ほど焼く。

24　CHAPTER1　ふんわりしっとりケーキとマフィン

フルーツミックス×くるみのマフィン

バターを溶かす手間がいらず、パパッと作れるオイルマフィンです。
数種のフルーツがミックスされたしっとりとした砂糖漬けに
カリカリ食感のくるみを合わせました。

材料（直径7cmのマフィン型6個分）

A 薄力粉…110g
　ベーキングパウダー…小さじ1
　きび砂糖…60g
　塩…少々
　くるみ（ロースト）…50g
植物性オイル…65g
卵…1個
ヨーグルト…40g
牛乳…50g
フルーツミックス…60g

下準備

・卵は室温に戻す。
・くるみはポリ袋に入れ、めん棒などで叩いてざっと砕く。
・マフィン型にグラシンカップを敷く。
・オーブンを170℃に温める。

作り方

1. **A**を、くるみを砕いたポリ袋とは別のポリ袋に入れ、袋の口をねじってしっかりと閉じ、よく振ってふるい合わせる。
2. オイルと卵を合わせてフォークでよく混ぜ、1に加える。続けてヨーグルトと牛乳を合わせ、1に加える。フルーツミックスも加える。
3. 袋の口をねじってしっかりと閉じ、よく振り混ぜて材料をなじませた後、外側から生地を揉み混ぜて（60〜80回程度）、まんべんなくなめらかな状態にする。
4. 袋の隅をキッチンばさみで切って型に生地を入れ、170℃のオーブンで23分ほど焼く。

おいしいMEMO

フルーツミックスは、砂糖づけのレモンピールやオレンジピールなどでも、アレンジが楽しめます。

抹茶×小豆のマフィン

上品なほろ苦さの抹茶生地に、
小豆の粒感と甘さがアクセントになった和風のマフィン。
ここでは植物性オイルに太白ごま油を使い、しっとりと焼き上げました。

材料（直径7cmのマフィン型6個分）

A 薄力粉…100g　抹茶…10g
　ベーキングパウダー…小さじ1
　きび砂糖…60g　塩…少々

植物性オイル…65g　卵…1個
ヨーグルト…40g　牛乳…50g
ゆで小豆（市販）…60g

下準備

・卵は室温に戻す。
・マフィン型にグラシンカップを敷く。
・オーブンを170℃に温める。

作り方

1 Aをポリ袋に入れ（抹茶は茶こしを通す）、袋の口をねじってしっかりと閉じ、よく振ってふるい合わせる。

2 オイルと卵を合わせてフォークでよく混ぜ、1に加える。続けてヨーグルトと牛乳を合わせ、1に加える。

3 袋の口をねじってしっかりと閉じ、よく振り混ぜて材料をなじませた後、外側から生地を揉み混ぜて、まんべんなくなめらかな状態にする。

4 袋の隅をキッチンばさみで切って型に生地を入れ、ゆで小豆を等分にのせ、菜箸などでぐるっと混ぜてなじませる。170℃のオーブンで23分ほど焼く。

26　CHAPTER1 ふんわりしっとりケーキとマフィン

 ## クランベリーマフィン

ジュエリーのようなクランベリーの赤が見た目にも愛らしいマフィン。
ドライクランベリーははちみつと水を合わせてレンジでやわらかく戻しましたが、
時間のない時はそのままダイレクトに混ぜ込んで焼いてもOKです。

材料（直径7cmのマフィン型6個分）
A 薄力粉…110g
　ベーキングパウダー…小さじ1
　きび砂糖…60g　塩…少々
植物性オイル…65g　卵…1個
ヨーグルト…40g　牛乳…50g
B ドライクランベリー…60g
　はちみつ…5g　水…小さじ2

下準備
・卵は室温に戻す。
・Bを合わせ、ラップをせずに
　電子レンジに30秒ほどかけ、やわらかくする。
・マフィン型にグラシンカップを敷く。
・オーブンを170℃に温める。

作り方
1 **A**をポリ袋に入れ、袋の口をねじってしっかりと閉じ、よく振ってふるい合わせる。
2 オイルと卵を合わせてフォークでよく混ぜ、**1**に加える。続けてヨーグルトと牛乳を合わせ、**1**に加える。**B**も加える。
3 袋の口をねじってしっかりと閉じ、よく振り混ぜて材料をなじませた後、外側から生地を揉み混ぜて、まんべんなくなめらかな状態にする。
4 袋の隅をキッチンばさみで切って型に生地を入れ、23分ほど焼く。

ソーセージ×マスタードのマフィン

オリーブオイルの香りよい生地に、ソーセージをたっぷり入れて、
粒マスタードと黒胡椒を味のアクセントに。
朝食にもワインにも合う「文句なし！」の一品です。

材料（直径7cmのマフィン型6個分）
A 薄力粉…110g
　ベーキングパウダー…小さじ1
　きび砂糖…15g　塩…小さじ1/4
オリーブオイル…65g　卵…1個
ヨーグルト…40g　牛乳…50g
ソーセージ…6本　粒マスタード…大さじ1〜2
黒胡椒…適量

下準備
・卵は室温に戻す。
・ソーセージは1本を3〜4等分に切る。
・マフィン型にグラシンカップを敷く。
・オーブンを170℃に温める。

作り方
1 Aをポリ袋に入れ、袋の口をねじってしっかりと閉じ、よく振ってふるい合わせる。

2 オイルと卵を合わせてフォークでよく混ぜ、1に加える。続けてヨーグルトと牛乳を合わせ、1に加える。

3 袋の口をねじってしっかりと閉じ、よく振り混ぜて材料をなじませた後、外側から生地を揉み混ぜて、まんべんなくなめらかな状態にする。

4 袋の隅をキッチンばさみで切って型に生地を入れ、粒マスタードをのせる。ソーセージを等分に挿し込み、黒胡椒を振って23分ほど焼く。

 ## ちくわ×カマンベールチーズ×青海苔のマフィン

ちょっぴりデリ風なお惣菜パンをイメージしました。
青海苔のほんのりとした磯の香りの中に、ちくわとカマンベールの旨味と塩気……。
溶け出してパリパリに焼けたチーズの羽根部分も美味。

材料（直径7cmのマフィン型6個分）
A 薄力粉…105g
　ベーキングパウダー…小さじ1
　きび砂糖…15g　塩…小さじ1/4　青海苔…5g
オリーブオイル…65g　卵…1個
ヨーグルト…40g　牛乳…50g
ちくわ（小）…2本　カマンベールチーズ1個（100g）

下準備
・卵は室温に戻す。
・ちくわは一口大程度に、
　カマンベールチーズは12等分に切る。
・マフィン型にグラシンカップを敷く。
・オーブンを170℃に温める。

作り方
1 Aをポリ袋に入れ、袋の口をねじってしっかりと閉じ、よく振ってふるい合わせる。

2 オイルと卵を合わせてフォークでよく混ぜ、1に加える。続けてヨーグルトと牛乳を合わせ、1に加える。

3 袋の口をねじってしっかりと閉じ、よく振り混ぜて材料をなじませた後、外側から生地を揉み混ぜて、まんべんなくなめらかな状態にする。

4 袋の隅をキッチンばさみで切って型に生地を入れ、カマンベールチーズを1切れずつ埋める。ちくわを等分に挿し込み、残りのカマンベールチーズをのせ、23分ほど焼く。

CHAPTER 2
ほろほろクッキーと厚焼きソフトビスケット

ポリ袋の中で材料を合わせたら、袋の2辺を切って開き、作業シートに。
その上で、生地を折りたたんでのしたり、まとめたり……。
手がほとんど汚れず、使用する道具も最小限なので、
時間がないとき、面倒なときでも、「お菓子焼こう！」という気持ちになれます。
焼いてすぐからおいしくて、日持ちもする頼もしいクッキーバリエーション、
お気に入りのレシピを見つけてもらえたらうれしいです。

メープルの天板クッキー

生地を広げて伸ばし、そのまま焼くラフなクッキーです。
成形する手間がないので、本当にかんたん！
メープルが香る素朴なおいしさを、パキパキ割りながら楽しんでください。

材料（天板1枚分）

A 薄力粉…90g
   きび砂糖…10g
   塩…ふたつまみ
B 植物性オイル…30g
   メープルシロップ…30g

下準備

・オーブンを180℃に温める。

作り方

1 Aをポリ袋に入れ、袋の口をねじってしっかりと閉じ、よく振ってふるい合わせる。

2 Bを合わせてフォークでよく混ぜ、1に加える。

3 袋の口をねじってしっかりと閉じ、大きなかたまりがいくつかできるくらいまでよく振り混ぜ、袋の外側から生地を手でざっとまとめる。

4 キッチンばさみで袋を切り開き、生地を「2つ折りにして手でのす」ことを4〜5回繰り返してまとめる。

5 4をオーブンシートにのせてラップをふわりとかけ、めん棒で厚さ約3mmに大きく伸ばす。

6 オーブンシートごと天板にのせ、フォークで全体に空気穴をあけて、180℃のオーブンで12分ほど焼く。

ジンジャーの天板クッキー

すりおろしたジンジャーとアーモンドパウダーを少量加えたバリエーションレシピです。
すっきりとさわやかな味わいが、大人のティータイムにもぴったり。
生姜のすりおろしはチューブのものでもOKです。

材料（天板1枚分）

A 薄力粉…80g
　アーモンドパウダー…10g
　きび砂糖…15g
　塩…ふたつまみ
B 植物性オイル…30g
　メープルシロップ…25g
　生姜のすりおろし…小さじ1

下準備

・オーブンを180℃に温める。

作り方

1 Aをポリ袋に入れ、袋の口をねじってしっかりと閉じ、よく振ってふるい合わせる。

2 Bを合わせてフォークでよく混ぜ、1に加える。

3 袋の口をねじってしっかりと閉じ、大きなかたまりがいくつかできるくらいまでよく振り混ぜ、袋の外側から生地を手でざっとまとめる。

4 キッチンばさみで袋を切り開き、生地を「2つ折りにして手でのす」ことを4〜5回繰り返してまとめる。

5 4をオーブンシートにのせラップをふわりとかけ、めん棒で厚さ約3mmに大きく伸ばす。

6 オーブンシートごと天板にのせ、フォークで全体に空気穴をあけて、180℃のオーブンで12分ほど焼く。

グラノーラ風天板クッキー

オートミールやナッツやシードなど、体が喜びそうな健康素材を
たっぷりと生地に混ぜ込みました。すぐに焼けるので時間のある時に作り置いて、
口寂しい時にちょこっとつまみたい、ヘルシーなクッキーです。

材料（天板1枚分）
A 薄力粉…35g　オートミール…35g
　　くるみ…15g　かぼちゃの種…20g
　　ココナッツファイン…5g
　　白炒り胡麻…5g　きび砂糖…25g
　　塩…ひとつまみ
B 植物性オイル…30g　牛乳…15g

下準備
・くるみはポリ袋に入れ、
　めん棒で叩いて細かく砕く。
・オーブンを180℃に温める。

作り方
1 Aを、くるみを砕いたポリ袋とは別のポリ袋に入れ、袋の口をねじってしっかりと閉じ、よく振ってふるい合わせる。

2 Bを合わせてフォークでよく混ぜ、1に加える。

3 袋の口をねじってしっかりと閉じ、大きなかたまりがいくつかできるくらいまでよく振り混ぜ、袋の外側から生地を手で軽くもんでまとめる。

4 3をオーブンシートに出してラップをふわりとかけ、めん棒で厚さ約3mmに大きく伸ばす。

5 オーブンシートごと天板にのせ、180℃のオーブンで13分ほど焼く。

マカダミアナッツのクッキー

ぽこぽこごつごつした見た目がかわいいカントリーなクッキーです。
さっくりほろりとした生地に、ナッツのコリコリ食感が楽しめます。
ナッツはくるみに代えたり、
数種類ミックスしたりといったアレンジもぜひお試しください。

材料（約25個分）

A 薄力粉…100g
　きび砂糖…30g
　塩・ベーキングパウダー…各ひとつまみ
　マカダミアナッツ（ロースト）…50g
B 植物性オイル…40g
　生クリーム…30g

下準備

・マカダミアナッツはポリ袋に入れ、
　めん棒で叩いて細かく砕く。
・天板にオーブンシートを敷く。
・オーブンを170℃に温める。

作り方

1 Aを、マカダミアナッツを砕いたポリ袋とは別のポリ袋に入れ、袋の口をねじってしっかりと閉じ、よく振ってふるい合わせる。

2 Bを合わせてフォークでよく混ぜ、1に加える。

3 袋の口をねじってしっかりと閉じ、大きなかたまりがいくつかできるくらいまで材料をよく振り混ぜ、袋の外側から生地を手でざっとまとめる。

4 キッチンばさみで袋を切り開き、生地を「2つ折りにして手でのす」ことを4～5回繰り返してまとめる。

5 大さじ1/2くらいずつ取り、手でぎゅっと握りながら丸く形作り、厚みを少し押しつぶして形を整える。

6 天板に間隔をあけて並べ、170℃のオーブンで16分ほど焼く。

PROCESS POINT

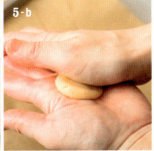

スプーンでかき出すように生地を取り分けて成形する。計量スプーンを使うことで大きさがそろう。

チョコチップ×コーンフレークの ココアクッキー

チョコチップとココアの定番の組み合わせにコーンフレークをプラスしました。
コーンフレークのサクサクカリカリっとした歯ごたえが心地よい。
コーヒーにも牛乳にも合う普段着のラフなおやつです。
コーンフレークは、手で握って軽くくずしながらポリ袋に入れて。

材料（約30個分）

A 薄力粉…75g
　ココアパウダー…15g
　きび砂糖…30g
　塩・ベーキングパウダー…各ひとつまみ
　チョコチップ…50g
　コーンフレーク（無糖）…30g
B 植物性オイル…40g
　生クリーム…35g

下準備

・天板にオーブンシートを敷く。
・オーブンを170℃に温める。

作り方

1. **A**をポリ袋に入れ（ココアは茶こしを通す）、袋の口をねじってしっかりと閉じ、よく振ってふるい合わせる。
2. **B**を合わせてフォークでよく混ぜ、**1**に加える。
3. 袋の口をねじってしっかりと閉じ、大きなかたまりがいくつかできるくらいまでよく振り混ぜ、袋の外側から生地を手でざっとまとめる。
4. キッチンばさみで袋を切り開き、生地を「2つ折りにして手でのす」ことを4〜5回繰り返してまとめる。
5. **4**を大さじ1/2くらいずつ取り、手でぎゅっと握りながら丸く形作り、厚みを少し押しつぶして形を整える。天板に間隔をあけて並べる。
6. 170℃のオーブンで16分ほど焼く。

PROCESS POINT

ココアパウダーは、茶こしでこすとダマにならずにきれいに混ざる。

全粒粉スティッククッキー

バターを使っていないあっさりした味わいの生地に、
グラハム粉をたっぷり入れてザクザクした食感に。
隠し味にみりんを使った素朴な風味がクセになります。

材料（約25本分）

A 薄力粉…70g
　グラハム粉…30g
　きび砂糖…20〜25g
　塩…ふたつまみ
B 植物性オイル…30g
　牛乳…10g
　みりん…10g

下準備

・オーブンを170℃に温める。

作り方

1 **A**をポリ袋に入れ、袋の口をねじってしっかりと閉じ、よく振ってふるい合わせる。

2 **B**を合わせてフォークでよく混ぜ、**1**に加える。

3 袋の口をねじってしっかりと閉じ、材料がほぼまとまるまでよく振り混ぜ、袋の外側から生地を手でざっとまとめる。

4 キッチンばさみで袋を切り開き、生地を「2つ折りにして手でのす」ことを4〜5回繰り返してまとめる。

5 **4**をオーブンシートに出し、厚さ約3mmの長方形（ここでは約15×25cm程度）にめん棒で伸ばす。

6 オーブンシートごと天板にのせ、包丁で幅8〜10mm程度のスティック状に切り目を入れて、170℃のオーブンで15分ほど焼く。

7 オーブンから出してすぐ、切り目に沿って包丁を入れ、切り離す。

PROCESS POINT

 ## ごま塩スティッククッキー

黒炒りごまと塩気を効かせたクッキーは、
食べ始めると手が止まらなくなるようなおいしさ。
おやつにはもちろん「とにかくビールによく合う!」と好評のレシピです。

材料（約25本分）

- **A** 薄力粉…80g
  - きび砂糖…5g
  - 塩…小さじ1/3
  - ベーキングパウダー
    …ふたつまみ
  - 黒炒りごま…20g
- **B** オリーブオイル…30g
  - 牛乳…20g

下準備

・オーブンを170℃に温める。

作り方

1. **A**をポリ袋に入れ、袋の口をねじってしっかりと閉じ、よく振ってふるい合わせる。

2. **B**を合わせてフォークでよく混ぜ、**1**に加える。

3. 袋の口をねじってしっかりと閉じ、大きなかたまりがいくつかできるくらいまでよく振り混ぜ、袋の外側から生地を手でざっとまとめる。

4. キッチンばさみで袋を切り開き、生地を「2つ折りにして手でのす」ことを4〜5回繰り返してまとめる。

5. **4**をオーブンシートに出し、厚さ約3mmの長方形（ここでは約15×25cm程度）にめん棒で伸ばしたら、包丁で幅8〜10mm程度のスティック状に切り目を入れる。

6. オーブンシートごと天板にのせ、170℃のオーブンで16〜18分焼く。オーブンから出してすぐ、切り目に沿って包丁を入れ、切り離す。

柚子胡椒スティッククッキー

青みのある柚子胡椒のピリッとした辛みが大人にうれしい、
ワインにおすすめのおつまみクッキー。
柚子胡椒の分量は、お好みに合わせて加減してください。

材料（約22本分）
- **A** 薄力粉…100g
  - きび砂糖…5g
  - 塩…小さじ1/3
  - ベーキングパウダー
    …ふたつまみ
- **B** オリーブオイル…30g
  - 牛乳…20g
  - 柚子胡椒…小さじ1/2

下準備
・オーブンを170℃に温める。

作り方
1. Aをポリ袋に入れ、袋の口をねじってしっかりと閉じ、よく振ってふるい合わせる。
2. Bを合わせてフォークでよく混ぜ、1に加える。
3. 袋の口をねじってしっかりと閉じ、大きなかたまりがいくつかできるくらいまでよく振り混ぜ、袋の外側から生地を手でざっとまとめる。
4. キッチンばさみで袋を切り開き、生地を「2つ折りにして手でのす」ことを4～5回繰り返してまとめる。
5. オーブンシートに出し、厚さ約5mmの長方形（ここでは約15×18cm程度）にめん棒で伸ばしたら、包丁で幅7～8mm程度のスティック状に切り目を入れる。
6. オーブンシートごと天板にのせ、170℃のオーブンで16～18分焼く。オーブンから出してすぐ、切り目に沿って包丁を入れ、切り離す。

44 CHAPTER2 ほろほろクッキーと厚焼きソフトビスケット

ほうじ茶のコロコロクッキー

口の中に入れるとほうじ茶の香りがふわっと広がる
和める和風の一口クッキーです。
ほろほろ崩れる食感が、お茶うけにぴったり。

材料（約25個分）

A 薄力粉…65g
　アーモンドパウダー45g
　きび砂糖…20g
　塩…ひとつまみ
　ほうじ茶の葉…5g
B 植物性オイル…40g
　牛乳…5g

粉砂糖（溶けにくいタイプ）
　…適量

下準備

・ほうじ茶の葉は細かく刻む。
・天板にオーブンシートを敷く。
・オーブンを170℃に温める。

作り方

1 Aをポリ袋に入れ、袋の口をねじってしっかりと閉じ、よく振ってふるい合わせる。

2 Bを合わせてフォークでよく混ぜ、1に加える。

3 袋の口をねじってしっかりと閉じ、大きなかたまりがいくつかできるくらいまでよく振り混ぜ、袋の外側から生地を手でざっとまとめる。

4 キッチンばさみで袋を切り開き、生地を「2つ折りにして手でのす」ことを4〜5回繰り返してまとめる。

5 4を小さじ1くらいずつ取り、手でぎゅっと握ってから石ころのような形に成形する。

6 天板に間隔をあけて並べ、170℃のオーブンで15分ほど焼く。

7 冷めたら、粉砂糖をまぶして仕上げる。

PROCESS POINT

くずれやすい生地なので、ぎゅっぎゅっと握って小さくまとめ、指の腹で成形する。石ころみたいな不ぞろいがかわいい。

ポリ袋に粉砂糖とクッキーを入れてまぶす。

COOKIE 紫芋のコロコロクッキー

製菓用の紫芋パウダーを使って、かんたんに色鮮やかな生地を作ります。
ほんのりと甘いお芋の風味に、心もほっこり。
紫芋の色味を活かして、粉砂糖をまぶさずに仕上げてもOKです。

材料（約25個分）
A 薄力粉…60g
　アーモンドパウダー…40g
　紫芋パウダー…15g
　きび砂糖…20g
　塩…ひとつまみ
B 植物性オイル…40g　牛乳…5g
粉砂糖（溶けにくいタイプ）
　…適量

下準備
・天板にオーブンシートを敷く。
・オーブンを170℃に温める。

作り方
1 Aをポリ袋に入れ、袋の口をねじってしっかりと閉じ、よく振ってふるい合わせる。
2 Bを合わせてフォークでよく混ぜ、1に加える。
3 袋の口をねじってしっかりと閉じ、大きなかたまりがいくつかできるくらいまでよく振り混ぜ、袋の外側から生地を手でざっとまとめる。
4 キッチンばさみで袋を切り開き、生地を「2つ折りにして手でのす」ことを4〜5回繰り返してまとめる。
5 4を小さじ1くらいずつ取り、手でぎゅっと握ってから石ころのような形に成形する。
6 天板に間隔をあけて並べ、170℃のオーブンで15分ほど焼く。
7 冷めたら、粉砂糖をまぶして仕上げる。

 # 黒糖×きな粉のコロコロクッキー

ふんわりと香ばしいきなこの香りと黒糖の深みのある甘みが、
口の中でやさしく溶け合います。
粉砂糖にきな粉を少し加えて仕上げてもいいですね。

材料（約25個分）

A 薄力粉…60g
 アーモンドパウダー…40g
 きな粉…15g
 黒糖（粉末）…20g
 塩…ひとつまみ
B 植物性オイル…40g　牛乳…5g
粉砂糖（溶けにくいタイプ）
 …適量

下準備

・天板にオーブンシートを敷く。
・オーブンを170℃に温める。

作り方

1 Aをポリ袋に入れ、袋の口をねじってしっかりと閉じ、よく振ってふるい合わせる。

2 Bを合わせてフォークでよく混ぜ、1に加える。

3 袋の口をねじってしっかりと閉じ、大きなかたまりがいくつかできるくらいまでよく振り混ぜ、袋の外側から生地を手でざっとまとめる。

4 キッチンばさみで袋を切り開き、生地を「2つ折りにして手でのす」ことを4〜5回繰り返してまとめる。

5 4を小さじ1くらいずつ取り、手でぎゅっと握ってから石ころのような形に成形する。

6 天板に間隔をあけて並べ、170℃のオーブンで15分ほど焼く。

7 冷めたら、粉砂糖をまぶして仕上げる。

48　CHAPTER2　ほろほろクッキーと厚焼きソフトビスケット

プレーンソフトビスケット

粉類を生クリームだけでまとめるから、コクがありミルキー。
材料も手順もとてもシンプルな、ソフトな食感のやさしいビスケットです。
作ろうと思い立ったら焼き上がるまで20分ほど。焼き立てを召し上がれ。

材料（8個分）

A 薄力粉…100g
　きび砂糖…25g
　ベーキングパウダー…小さじ2/3
　塩…ふたつまみ
生クリーム…100g
グラニュー糖…適量

下準備

・天板にオーブンシートを敷く。
・オーブンを180℃に温める。

作り方

1 Aをポリ袋に入れ、袋の口をねじってしっかりと閉じ、よく振ってふるい合わせる。

2 生クリームを加え、袋の口をねじってしっかりと閉じ、大きなかたまりがいくつかできるくらいまでよく振り混ぜ、袋の外側から生地を手でざっとまとめる。

3 キッチンばさみで袋を切り開き、生地を「2つ折りにして手でのす」ことを5回ほど繰り返してまとめる。

4 3を8等分して丸め、厚みを軽くつぶす。グラニュー糖をまぶしつけ、天板に間隔をあけて並べ、180℃のオーブンで12～13分焼く。

おいしいMEMO
ライトな乳脂肪分35％程度の生クリームでは水分が多く、おいしく焼き上がりません。45％以上のもので作りましょう。

ジャムのせソフトビスケット

中心に色とりどりのジャムをのせてロシアンクッキー風に。
焼き上げたときに、ビスケットの側面にジャムがとろりとこぼれ落ちるくらい
ラフな仕上がりが、手作りならではのおいしさにつながります。

材料（12個分）

A 薄力粉…100g
　きび砂糖…25g
　ベーキングパウダー…小さじ2/3
　塩…ひとつまみ
生クリーム…100g
好みのジャム…適量

下準備

・天板にオーブンシートを敷く。
・オーブンを180℃に温める。

作り方

1 **A**をポリ袋に入れ、袋の口をねじってしっかりと閉じ、よく振ってふるい合わせる。
2 生クリームを加え、袋の口をねじってしっかりと閉じ、大きなかたまりがいくつかできるくらいまでよく振り混ぜ、袋の外側から生地を手でざっとまとめる。
3 キッチンばさみで袋を切り開き、生地を「2つ折りにして手でのす」ことを5回ほど繰り返してまとめる。
4 3を12等分して丸め、天板に間隔をあけて並べる。真ん中を指先で押して凹ませ、ジャムを入れる。
5 180℃のオーブンで12〜13分焼く。

PROCESS POINT

親指の腹に水をつけて生地の中央をぐっと凹ませる。凹んだところにスプーンでたっぷりとジャムをのせる。

CHAPTER 3
バリエが広がる おめかしタルトとさくさくパイ

普通に作るとたくさんの道具が必要になるタルトやパイ。
ポリ袋を使って作れば、作る工程も後片付けもウソみたいに楽ちん。
これまで面倒と思っていたタルトやパイのイメージが、ガラリと変わると思います。
この章では、ポリ袋で作ったことは内緒にしたくなるような、
ちょっとおしゃれで、ちゃんとおいしいレシピをいろいろ集めました。
お茶の時間や休日のブランチタイムに自信を持って手作りでおもてなししましょう。

54　CHAPTER3　バリエが広がるおめかしタルトとさくさくパイ

いちごの焼きタルト

ささっと作れるクランブルをタルト台にし、かんたんなのに本格的な味わいのアーモンドクリームを流し込みます。表面に散らしたいちごからジューシーな果汁がアーモンドクリームにしみて、幸せなおいしさ。

材料（21×16.5×3cmのバット1台分）

タルト台
A 薄力粉…60g
　アーモンドパウダー…20g
　きび砂糖…20g
　塩…ひとつまみ
植物性オイル…25g

アーモンドクリーム
B アーモンドパウダー…60g
　きび砂糖…45g
卵…1個
バター…45g

いちご（小粒）…1パック
粉砂糖…適量

下準備

・卵は室温に戻す。
・いちごはヘタを除く。
・バターは電子レンジにかけて溶かす。
・バットにオーブンシートを敷く。
・オーブンを180℃に温める。

作り方

1 タルト台を作る。Aをポリ袋に入れ、袋の口をねじってしっかりと閉じ、よく振ってふるい合わせる。オイルを加え、袋の口をねじってしっかりと閉じ、よく振り混ぜてぽろぽろのそぼろ状にする。

2 1をバットに入れ、指で押して平らに敷き詰め、フォークで全体に空気穴をあける。180℃のオーブンで薄っすらと色づくまで焼き（10～15分）、取り出す。

3 タルト台を焼いている間にアーモンドクリームを作る。Bを別のポリ袋に入れ、袋の口をねじってしっかりと閉じ、よく振ってふるい合わせる。卵とバターをフォークでよく混ぜて加え、袋の口をねじりしっかりと閉じてよく振り混ぜた後、袋の外側から生地を手で揉んでなめらかにする。

4 袋の隅をキッチンばさみで切り、アーモンドクリームを台に入れる。軽くゆするかスプーンの背などで表面をならし、いちごを散らして、粉砂糖を茶こしなどで振る。

5 180℃のオーブンで20～25分ほど焼く。

パイン×クリームチーズ×ココナッツのタルト

夏に食べたいトロピカルでハッピーな気分になれるタルトです。
パイナップルは、フレッシュなものを使うとよりおいしくなります。

材料（21×16.5×3cmのバット1台分）
タルト台
A 薄力粉…60g　アーモンドパウダー…20g
　　きび砂糖…20g　塩…ひとつまみ
植物性オイル…25g

アーモンドクリーム
B アーモンドパウダー…60g
　　きび砂糖…45g
卵…1個　バター…45g

パイナップル（缶詰）スライス…4枚
クリームチーズ…50g
ココナッツファイン…適量

下準備
・卵は室温に戻す。
・パイナップルは一口大に切り、
　キッチンペーパーに取って汁気を除く。
・バターは電子レンジで溶かす。
・バットにオーブンシートを敷く。
・オーブンを180℃に温める。

作り方
1 タルト台を作る。**A**をポリ袋に入れ、袋の口をねじってしっかりと閉じ、よく振ってふるい合わせる。オイルを加え、袋の口をねじってしっかりと閉じ、よく振り混ぜてぽろぽろのそぼろ状にする。

2 1をバットに入れ、指で押して平らに敷き詰め、フォークで全体に空気穴をあける。180℃のオーブンで薄っすらと色づくまで焼き（10〜15分）、取り出す。

3 タルト台を焼いている間にアーモンドクリームを作る。**B**を別のポリ袋に入れ、袋の口をねじってしっかりと閉じ、よく振ってふるい合わせる。卵とバターをフォークでよく混ぜて加え、袋の口をねじりしっかりと閉じてよく振り混ぜた後、袋の外側から生地を手で揉んでなめらかにする。

4 袋の隅をキッチンばさみで切り、アーモンドクリームを台に入れる。軽くゆするかスプーンの背などで表面をならし、パイナップルとクリームチーズ（小さくちぎる）を散らして、ココナッツファインを振る。

5 180℃のオーブンで20〜25分ほど焼く。

甘納豆のタルト

大人も子供もみんなが大好きな甘納豆をたっぷり散らして。見た目の華やかさもあるので、お正月のおもてなしスイーツにしたり、プレゼントにしたりしても喜ばれます。

材料（21×16.5×3cmのバット1台分）

タルト台
A 薄力粉…60g　アーモンドパウダー…20g
　きび砂糖…20g　塩…ひとつまみ
植物性オイル…25g

アーモンドクリーム
B アーモンドパウダー…60g
　きび砂糖…45g
卵…1個　バター…45g

甘納豆…100g

下準備
・卵は室温に戻す。
・バターは電子レンジで溶かす。
・バットにオーブンシートを敷く。
・オーブンを180℃に温める。

作り方

1 タルト台を作る。Aをポリ袋に入れ、袋の口をねじってしっかりと閉じ、よく振ってふるい合わせる。オイルを加え、袋の口をねじってしっかりと閉じ、よく振り混ぜてぽろぽろのそぼろ状にする。

2 1をバットに入れ、指で押して平らに敷き詰め、フォークで全体に空気穴をあける。180℃のオーブンで薄っすらと色づくまで焼き（10～15分）、取り出す。

3 タルト台を焼いている間にアーモンドクリームを作る。Bを別のポリ袋に入れ、袋の口をねじってしっかりと閉じ、よく振ってふるい合わせる。卵とバターをフォークでよく混ぜて加え、袋の口をねじりしっかりと閉じてよく振り混ぜた後、袋の外側から生地を手で揉んでなめらかにする。

4 袋の隅をキッチンばさみで切り、アーモンドクリームを台に入れる。軽くゆするかスプーンの背などで表面をならし、甘納豆を散らす。

5 180℃のオーブンで20～25分ほど焼く。

58　CHAPTER3　バリエが広がるおめかしタルトとさくさくパイ

ブルーベリージャムの
クランブルクッキータルト

ポロポロ状のクランブルは、ポリ袋をただただ振るだけ！
びっくりするほどかんたんに作れます。
冷蔵庫にあるジャムを手軽においしく消費してください。

材料（21×16.5×3cmのバット1台分）

クランブル
A 薄力粉…100g
　アーモンドパウダー…30g
　きび砂糖…35g
　塩…ひとつまみ
植物性オイル…40g

ブルーベリージャム…80g
※好みのジャムでOK。

下準備
・バットにオーブンシートを敷く。
・オーブンを180℃に温める。

作り方

1 クランブルを作る。**A**をポリ袋に入れ、袋の口をねじってしっかりと閉じ、よく振ってふるい合わせる。

2 オイルを加え、袋の口をねじってしっかりと閉じ、よく振り混ぜてぽろぽろのそぼろ状にしたら、クランブルの1/2量をバットに入れる。

3 指で押して平らに敷き詰め、フォークで全体に空気穴をあける。

4 ブルーベリージャムを塗り広げる。

5 残りのクランブルを散らし、表面を指先で軽く押さえて落ち着かせ、180℃のオーブンで25～30分焼く。

りんご×シナモンのクランブル

バターで作るクランブルは、こっくりとリッチな味わい。
焼き立てのあつあつを食べたい分だけ皿にすくって、
冷たいバニラアイスクリームをトッピングしてもいいですね。

材料（22×10×3.5cmの耐熱皿1台分）

クランブル
A 薄力粉…55g
　アーモンドパウダー…25g
　きび砂糖…25g
　塩…ひとつまみ
バター(食塩不使用)…25g

フィリング
B はちみつ…大さじ1
　ラム酒…大さじ1
　シナモンパウダー…小さじ1/4
　レモン果汁…小さじ1/2
りんご…1個

下準備

・バターを電子レンジにかけて溶かす。
・オーブンを180℃に温める。

作り方

1 フィリングを作る。りんごは芯を除き、小さな角切りにしてポリ袋に入れる。**B**を加え、軽く振り混ぜてなじませ、そのまま置いておく。

2 クランブルを作る。**A**を、1とは別のポリ袋に入れ、袋の口をねじってしっかりと閉じ、よく振ってふるい合わせる。バターを加え、袋の口をねじってしっかりと閉じ、よく振り混ぜてぽろぽろのそぼろ状にする。

3 耐熱皿に1を入れて広げ、クランブルをのせて、180℃のオーブンで35分ほど焼く。

PROCESS POINT

りんごはポリ袋に入れ、そのまま放置。クランブルを作る間にほどよく味がなじみます。

 # ミックスベリーのクランブル

市販の冷凍ミックスベリーを使い、小さなココットで1人分ずつ焼き上げました。
焼き立てのあつあつも、冷蔵庫で冷やしたものもおいしい。

材料（直径約7cmのココット5個分）
クランブル
A 薄力粉…55g
　アーモンドパウダー…25g
　きび砂糖…25g　塩…ひとつまみ
植物性オイル…25g
フィリング
ミックスベリー（冷凍）…約150g

下準備
・オーブンを180℃に温める。

作り方
1 ココットにミックスベリーを分け入れる。
2 クランブルを作る。**A**をポリ袋に入れ、袋の口をねじってしっかりと閉じ、よく振ってふるい合わせる。オイルを加え、袋の口をねじってしっかりと閉じ、よく振り混ぜてぽろぽろのそぼろ状にする。
3 1にクランブルをのせて、180℃のオーブンで23分ほど焼く。

 ## バナナ×ピーカンナッツのクランブル

バナナを皮付きのまま半分に切ってクランブルをかけて焼く楽しいおやつ。
甘くてトロリとしたバナナとピーカンナッツ入りのサクサク衣がベストマッチ。

材料（4人分）
クランブル
A 薄力粉…55g　アーモンドパウダー…25g
　きび砂糖…20g　塩…ひとつまみ
　ピーカンナッツ…20g
植物性オイル…25g

バナナ…2本
生クリーム・仕上げ用のココアパウダー…各適量

下準備
・ピーカンナッツをポリ袋に入れ、
　めん棒などで叩いて砕く。
・天板にオーブンシートを敷く。
・オーブンを180℃に温める。

作り方
1 バナナは皮ごと厚みを2等分して、天板にのせる。

2 クランブルを作る。Aを、ピーカンナッツを砕いたポリ袋とは別のポリ袋に入れ、袋の口をねじってしっかりと閉じ、よく振ってふるい合わせる。オイルを加え、袋の口をねじってしっかりと閉じ、よく振り混ぜてぼろぼろのそぼろ状にする。

3 バナナにクランブルをこんもりとのせ、手でやさしく押さえて落ち着かせる。180℃のオーブンで20分ほど焼く。

4 バナナをフライ返しなどでそっと取り出し、皿にのせる。泡立てた生クリームを好みで添え、ココアパウダーを振る。

64　CHAPTER3　バリエが広がるおめかしタルトとさくさくパイ

トマト×サラミのタルトフランベ

生地を薄く大きく伸ばし、好きな材料をあれこれのせて、高温のオーブンで一気にパリッと焼き上げます。思い切りかんたんなピザの感覚です。
ここでは、25×30cmのオーブンシートに生地を大きく伸ばしました。

材料（天板1台分）

タルトフランベ生地
A 薄力粉…50g
　強力粉…25g
　きび砂糖…小さじ1/4
　塩…ふたつまみ
　ベーキングパウダー…ひとつまみ
B オリーブオイル…15g
　牛乳…35g

トッピング
ミニトマト…15個
サラミ…25g
粉チーズ・シュレッドチーズ・黒胡椒
　…各適量

作り方

1 タルトフランベ生地を作る。**A**をポリ袋に入れ、袋の口をねじってしっかりと閉じ、よく振ってふるい合わせる。

2 **B**をフォークでよく混ぜ、1に加える。

3 袋の口をねじってしっかりと閉じ、大きなかたまりがいくつかできるくらいまでよく振り混ぜた後、袋の外側から手でざっとまとめ、そのまま置いて少し休ませる。オーブンを240℃に温める。

4 3を休ませている間にトッピングを用意する。ミニトマトは2等分、サラミは小さな角切りにする。

5 3をオーブンシートにのせてラップをふわりとかけ、めん棒で1～2mmの厚さを目安に大きく伸ばし、ラップをはがしてオーブンシートごと天板にのせる。

6 粉チーズを振り、ミニトマト、サラミ、シュレッドチーズをのせ、240℃のオーブンで6分ほど焼く。黒胡椒を振って仕上げる。

65

オニオン×ベーコンのタルトフランベ

いつもの買い置きの材料と冷蔵庫にあるものだけで、こんな一品も。
ベーコンの代わりにハムでもOK、玉ねぎだけでシンプルに焼くのもおすすめです。

材料（天板1台分）

タルトフランベ生地
A 薄力粉…50g　強力粉…25g
　　きび砂糖…小さじ1/4　塩…ふたつまみ
　　ベーキングパウダー…ひとつまみ
B オリーブオイル…15g　牛乳…35g

ソース
　マヨネーズ…大さじ2
　ヨーグルト…大さじ1

トッピング
玉ねぎ…1/4個　ベーコン…2枚
粉チーズ・黒胡椒…各適量

作り方

1 タルトフランベ生地を作る。**A**をポリ袋に入れ、袋の口をねじってしっかりと閉じ、よく振ってふるい合わせる。

2 **B**をフォークでよく混ぜ、**1**に加える。袋の口をねじってしっかりと閉じ、大きなかたまりがいくつかできるくらいまでよく振り混ぜた後、手でざっとまとめ、そのまま置いて少し休ませる。オーブンを240℃に温める。

3 **2**を休ませている間にソースとトッピングを用意する。ソースは材料を混ぜ合わせる。玉ねぎは薄切り、ベーコンは細切りにする。

4 **2**をオーブンシートにのせてラップをふわりとかけ、めん棒で1〜2mmの厚さを目安に大きく伸ばし、ラップをはがしてオーブンシートごと天板にのせる。

5 ソースを塗り、玉ねぎとベーコンを散らして粉チーズをかけ、240℃のオーブンで6分ほど焼く。黒胡椒を振って仕上げる。

 # きのこのタルトフランベ

きのこの旨みとマスカルポーネのコクが、パリパリの生地とよく合います。
冷たいビールや白ワインと一緒にあつあつを召し上がれ！

材料（天板1台分）

タルトフランベ生地
A 薄力粉…50g　強力粉…25g
　きび砂糖…小さじ1/4　塩…ふたつまみ
　ベーキングパウダー…ひとつまみ
B オリーブオイル…15g　牛乳…35g

トッピング
C しめじ…1パック　舞茸…1パック
　にんにくのすりおろし…小さじ1/2
　オリーブオイル…10g
　塩…小さじ1/4

マスカルポーネチーズ…35g
シュレッドチーズ・黒胡椒…各適量

作り方

1　タルトフランベ生地を作る。**A**をポリ袋に入れ、袋の口をねじってしっかりと閉じ、よく振ってふるい合わせる。

2　**B**をフォークでよく混ぜ、**1**に加える。袋の口をねじってしっかりと閉じ、大きなかたまりがいくつかできるくらいまでよく振り混ぜた後、手でざっとまとめ、そのまま置いて少し休ませる。オーブンを240℃に温める。

3　**2**を休ませている間にトッピングを用意する。しめじと舞茸は石づきを除いて食べやすく裂く。**2**とは別のポリ袋に**C**をすべて入れ、袋の口をねじってしっかりと閉じ、軽く振り混ぜてなじませる。

4　**2**をオーブンシートにのせてラップをふわりとかけ、めん棒で1～2mmの厚さを目安に大きく伸ばし、ラップをはがしてオーブンシートごと天板にのせる。

5　マスカルポーネチーズを塗り、**3**とシュレッドチーズを散らし、240℃のオーブンで6分ほど焼く。黒胡椒を振って仕上げる。

ダークチェリーのパイ

サクサクした食感のおいしい生地で、缶詰のダークチェリーを一缶まるごとたっぷり贅沢に包み込みました。型を使わずフリーハンドで成形したパイやタルトは丸い成形を多く見かけるので、ここでは四角く作ってみました。

材料（約16cm角のもの1個分）

パイ生地
A 薄力粉…100g
　きび砂糖…5g
　ベーキングパウダー…小さじ1/4
　塩…ふたつまみ
バター(食塩不使用)…35g
水…15g

フィリング
ダークチェリー(缶詰)…1缶(220g)
B コーンスターチ…大さじ1/2
　きび砂糖…大さじ1/2
　レモン汁…小さじ1
マスカルポーネチーズ…30g

下準備

・バターを電子レンジにかけて溶かす。
・オーブンを190℃に温める。

作り方

1 フィリングを用意する。ダークチェリーをザルにあげて汁気を切り、**B**と共にポリ袋に入れて軽く振り混ぜなじませる。そのまま置いておく。

2 パイ生地を作る。**A**を、1とは別のポリ袋に入れ、袋の口をねじってしっかりと閉じ、よく振ってふるい合わせる。

3 2にバターを加え、袋の口をねじってしっかりと閉じ、よく振り混ぜて細かなそぼろ状にする。水を加え、袋の口をねじってしっかりと閉じ、大きなかたまりがいくつかできるくらいまで振り混ぜる。その後、手でざっとまとめる。

4 キッチンばさみで袋を切り開き、生地を「2つ折りにして手でのす」ことを5〜6回繰り返して四角くまとめる。

5 オーブンシートにのせてラップをふわりとかけ、めん棒で約24cm角に伸ばしたら、ラップをはずしオーブンシートごと天板にのせて、フォークで全体に空気穴をあける。

6 周囲を4cmほど残した内側にマスカルポーネチーズを塗り、1をのせる。

7 周囲の生地をオーブンシートごと内側に折って形作り、190℃のオーブンで30分ほど焼く。

コーヒー×チョコ×マシュマロのパイ

チョコとマシュマロをトッピングして、スモア風に。
周囲の生地を折り上げるときは、オーブンシートごと持ち上げると成形しやすいです。

材料（約12×23cm角のもの1個分）

パイ生地
A 薄力粉…100g
　きび砂糖…5g
　ベーキングパウダー…小さじ1/4
　塩…ふたつまみ
　インスタントコーヒー（顆粒）
　　…大さじ1/2
バター（食塩不使用）…35g　水…15g
板チョコレート…2枚(100g)
マシュマロ…50g

下準備
・バターを電子レンジにかけて溶かす。
・オーブンを180℃に温める。

作り方

1 パイ生地を作る。**A**をポリ袋に入れ、袋の口をねじってしっかりと閉じ、よく振ってふるい合わせる。

2 バターを加え、袋の口をねじってしっかりと閉じ、よく振り混ぜて細かなそぼろ状にする。水を加え、袋の口をねじってしっかりと閉じ、大きなかたまりがいくつかできるまで振り混ぜる。その後、手でざっとまとめる。

3 キッチンばさみで袋を切り開き、生地を「2つ折りにして手でのす」ことを5～6回繰り返して四角くまとめる。

4 オーブンシートにのせてラップをふわりとかけ、めん棒で約20×30cm角に伸ばしたら、ラップをはずしオーブンシートごと天板にのせる。

5 フォークで全体に空気穴をあけ、周囲を4cmほど残して内側にチョコレート（小さく割る）を散らし、マシュマロをのせる。周囲の生地を内側に折って形作り、180℃のオーブンで22～24分焼く。

ラズベリー×ホワイトチョコレートのパイ

真っ赤なラズベリーがパッと目をひくレディーライクなパイ。
ラズベリーの下に敷いたホワイトチョコレートが、酸味を甘くまろやかに抑えます。

材料（直径約18cmのもの1個分）

パイ生地
A 薄力粉…100g　きび砂糖…5g
　ベーキングパウダー…小さじ1/4
　塩…ふたつまみ
バター（食塩不使用）…35g　水…15g

フィリング
B 冷凍ラズベリー…200g
　コーンスターチ…大さじ1/2
　きび砂糖…大さじ1/2
　レモン汁…小さじ1
ホワイト板チョコレート…1枚(50g)

下準備
・バターを電子レンジにかけて溶かす。
・オーブンを190℃に温める。

作り方

1　フィリングを用意する。**B**をポリ袋に入れて軽く振り混ぜなじませる。このまま置いておく。

2　パイ生地を作る。**A**をポリ袋に入れ、袋の口をねじってしっかりと閉じ、よく振ってふるい合わせる。

3　バターを加え、袋の口をねじってしっかりと閉じ、よく振り混ぜて細かなそぼろ状にする。水を加え、袋の口をねじってしっかりと閉じ、大きなかたまりがいくつかできるまで振り混ぜる。その後、手でざっとまとめる。

4　キッチンばさみで袋を切り開き、生地を「2つ折りにして手でのす」ことを5〜6回繰り返してまとめる。

5　軽く丸めてオーブンシートにのせる。ラップをふわりとかけ、めん棒で約25cmの円形に伸ばし、ラップをはずしてオーブンシートごと天板にのせる。

6　フォークで全体に空気穴をあけ、周囲を4cmほど残した内側にホワイトチョコレート（小さく割る）を散らし、1をのせる。周囲の生地を内側に折って形作り、190℃のオーブンで30分ほど焼く。

いちごのフレッシュパイ

土台のパイ生地を先に空焼きしておき、クリームやフルーツを後からトッピング。このレシピでは生クリームを泡立てるのにボウルとハンドミキサーを使いますが、おいしくてアレンジも効く楽しみ方なので、ご紹介してみました。

材料（直径約18cmのもの1個分）

パイ生地
A 薄力粉…100g
　きび砂糖…5g
　ベーキングパウダー…小さじ1/4
　塩…ふたつまみ
バター（食塩不使用）…35g
水…15g

トッピング
いちご…1パック
B 生クリーム…100g
　はちみつ…10g
粉砂糖（溶けにくいタイプ）
　…適量
練乳…適宜

下準備

・バターを電子レンジにかけて溶かす。
・オーブンを190℃に温める。

作り方

1 パイ生地を作る。**A**をポリ袋に入れ、袋の口をねじってしっかりと閉じ、よく振ってふるい合わせる。

2 バターを加え、袋の口をねじってしっかりと閉じ、よく振り混ぜて細かなそぼろ状にする。水を加え、袋の口をねじってしっかりと閉じ、大きなかたまりがいくつかできるまで振り混ぜる。その後、手でざっとまとめる。

3 キッチンばさみで袋を切り開き、生地を「2つ折りにして手でのす」ことを5～6回繰り返してまとめる。

4 軽く丸めてオーブンシートにのせる。ラップをふわりとかけ、めん棒で約24cmの円形に伸ばし、ラップをはずしてからオーブンシートごと天板にのせる。

5 フォークで全体に空気穴をあけ、周囲の生地を内側に折り、直径約18cmの円形に形作る。190℃のオーブンで20分ほど焼く。

6 ボウルに**B**を入れ、ハンドミキサーで八分立て程度に泡立てる。冷めた**5**にのせ、ヘタを除いて2～4等分に切ったいちごを飾り、粉砂糖を振って仕上げる。お好みで練乳をかけて。

PROCESS POINT

周囲の生地を2～3cm程度内側に軽くヒダを寄せながら折って、形を円形に整えます。

オイルサーディン×ミニトマト×ブラックオリーブのパイ

ワインにぴったりのデリ風パイ。シンプルな味わいのパイ生地なので、
どんな具材もおいしく引き立てます。丸く包んだり、四角にしたり、形はお好みで。

材料（直径約18cmのもの1個分）

パイ生地
A 薄力粉…100g　きび砂糖…5g
　ベーキングパウダー…小さじ1/4
　塩…ふたつまみ
オリーブオイル…35g　水…15g

トッピング
B オイルサーディン8切れ　ミニトマト…10個
　ブラックオリーブ（水煮、種抜き）…8個
粉チーズ・シュレッドチーズ・
パセリのみじん切り…各適量

下準備
- ミニトマトは2等分、ブラックオリーブは薄切りにしてキッチンペーパーに広げておく。
- オーブンを190℃に温める。

作り方

1 パイ生地を作る。**A**をポリ袋に入れ、袋の口をねじってしっかりと閉じ、よく振ってふるい合わせる。

2 オイルを加え、袋の口をねじってしっかりと閉じ、よく振り混ぜて細かなそぼろ状にする。水を加え、袋の口をねじってしっかりと閉じ、ほぼまとまるくらいまで振り混ぜる。

3 キッチンばさみで袋を切り開き、生地を「2つ折りにして手でのす」ことを5～6回繰り返してまとめる。

4 軽く丸めてオーブンシートにのせる。ラップをふわりとかけ、めん棒で約25cmの円形に伸ばしたら、ラップをはずしオーブンシートごと天板にのせる。

5 フォークで全体に空気穴をあけ、周囲を4cmほど残した内側に粉チーズを振り、**B**をのせ、シュレッドチーズを散らす。周囲の生地を内側に折って形作り、190℃のオーブンで30分ほど焼く。彩りにパセリを散らして仕上げる。

サラダのフレッシュパイ

あらかじめ焼いておいたパイの上に盛り付けて、いつものサラダを格上げしましょう。
ウィークエンドのブランチや前菜にもおすすめの一品に。お好みでレモンを絞って。

材料（直径約15cmのもの2個分）

パイ生地
A 薄力粉…100g　きび砂糖…5g
　ベーキングパウダー…小さじ1/4
　塩…ふたつまみ
オリーブオイル…35g　水…15g

トッピング
B ベビーリーフ…1パック
　スモークサーモン…50g
　アボカド…1個
　モッツァレラチーズ…50g
　バジルの葉…適量
マヨネーズ・オリーブオイル・
塩・黒胡椒…各適量

下準備
・オーブンを190℃に温める。

作り方

1 パイ生地を作る。**A**をポリ袋に入れ、袋の口をねじってしっかりと閉じ、よく振ってふるい合わせる。

2 オイルを加え、袋の口をねじってしっかりと閉じ、よく振り混ぜて細かなそぼろ状にする。水を加え、袋の口をねじってしっかりと閉じ、ほぼまとまるくらいまで振り混ぜる。

3 キッチンばさみで袋を切り開き、生地を「2つ折りにして手でのす」ことを5〜6回繰り返してまとめ、2等分する。

4 それぞれ軽く丸めてオーブンシートにのせ、ラップをかけて、めん棒で約20cmの円形に伸ばしラップをはずす。フォークで全体に空気穴をあけ、周囲の生地を内側に折り、直径15〜16cmの円形に形作る。

5 オーブンシートごと天板にのせ、190℃のオーブンで15分ほど焼く。

6 トッピングの用意をする。アボカドは種と皮を除いて一口大に切る。モッツァレラチーズとバジルの葉はちぎる。

7 パイの粗熱が取れたらマヨネーズを散らし、**B**をのせる。オイルを回しかけ、塩・黒胡椒を振る。

CHAPTER4
おなかにうれしい満足感 スコーンとブレッド

小腹が空いたときにも、朝食にもうれしいスコーンとブレッドです。
スコーンはオリーブオイルを使う塩気のある生地と、生クリームで作る甘い生地、
ブレッドはベーキングパウダーを使ってパッと焼けるタイプと、
インスタントドライイーストでのんびり発酵させるタイプをご紹介します。
どれも焼きたては、外はさくっと、中はふかふかの幸せなおいしさ。
気分や季節の具材と合わせて、自由なアレンジも楽しんでください。

78　CHAPTER4　おなかにうれしい満足感 スコーンとブレッド

プレーンスコーンサレ

オリーブオイルの香りが豊かで、ほどよく塩気が効いたスコーンサレ。
ビスコッティーのような形に焼きましたが、四角や三角、切り方を変えてもOKです。
いちばんのおいしいタイミングは焼き立て！
当日中に食べ切ることも、おいしくいただくポイントです。

材料（6個分）

A 薄力粉…120g
　ベーキングパウダー…小さじ1
　きび砂糖…5g
　塩小さじ…1/4
B オリーブオイル…40g
　牛乳…40g

下準備

・天板にオーブンシートを敷く。
・オーブンを180℃に温める。

作り方

1 **A**をポリ袋に入れ、袋の口をねじってしっかりと閉じ、よく振ってふるい合わせる。
2 **B**を合わせてフォークでよく混ぜ、1に加える。
3 袋の口をねじってしっかりと閉じ、大きなかたまりがいくつかできるくらいまで振り混ぜたら、袋の上から手でざっとまとめる。
4 キッチンばさみで袋を切り開き、生地を「2つ折りにして手でのす」ことを4〜5回繰り返してまとめ、約8×12cmの長方形に形作る。
5 包丁で6等分して天板に並べ、180℃のオーブンで15分ほど焼く。

パセリ×チーズのスコーンサレ

チーズ入りでカルシウムたっぷり、パセリのグリーンがさわやかなスコーンサレです。
スープに合わせておしゃれなスタイリングを演出できます。もちろんおつまみにもなりますよ。

材料（8個分）
A 薄力粉…120g
　ベーキングパウダー…小さじ1
　きび砂糖…5g　塩…小さじ1/4
　粉チーズ…25g
B オリーブオイル…40g　牛乳…40g
　パセリのみじん切り…5〜6g
仕上げ用粉チーズ…適量

下準備
・天板にオーブンシートを敷く。
・オーブンを180℃に温める。

作り方
1 **A**をポリ袋に入れ、袋の口をねじってしっかりと閉じ、よく振ってふるい合わせる。
2 **B**を合わせてフォークでよく混ぜ、1に加える。
3 袋の口をねじってしっかりと閉じ、大きなかたまりがいくつかできるくらいに振り混ぜたら、袋の上から手でざっとまとめる。
4 キッチンばさみで袋を切り開き、生地を「2つ折りにして手でのす」ことを4〜5回繰り返してまとめ、約8×15cmの長方形に形作る。
5 包丁で四角く8等分して天板に並べ、粉チーズを振り、180℃のオーブンで13分ほど焼く。

くるみ×黒胡椒のスコーンサレ

くるみの香ばしさと黒胡椒のピリッとした辛さが口の中でおいしく調和します。
黒胡椒は挽きたての粗挽きがベスト。ミックスペッパーもおすすめです。

材料（8個分）
A 薄力粉…120g
　ベーキングパウダー…小さじ1
　きび砂糖…5g　塩…小さじ1/4
　黒胡椒…小さじ1/4
　くるみ（ロースト）…50g
B オリーブオイル…40g　牛乳…40g
　黒胡椒…適量

下準備
・くるみはポリ袋に入れ、
　めん棒などで叩いて砕く。
・天板にオーブンシートを敷く。
・オーブンを180℃に温める。

作り方
1 **A**を、くるみを砕いたポリ袋とは別のポリ袋に入れ、袋の口をねじってしっかりと閉じ、よく振ってふるい合わせる。

2 **B**を合わせてフォークでよく混ぜ、1に加える。

3 袋の口をねじってしっかりと閉じ、大きなかたまりがいくつかできるくらいに振り混ぜたら、袋の上から手でざっとまとめる。

4 キッチンばさみで袋を切り開き、生地を「2つ折りにして手でのばす」ことを4〜5回繰り返してまとめ、約8×15cmの長方形に形作る。

5 包丁で四角く8等分して天板に並べ、180℃のオーブンで13分ほど焼く。黒胡椒を振って仕上げる。

ポピーシードとレモンシュガーのスコーン

さっくりほろりのクリーミーな生地に、レモンシュガーの清々しい香り。
プチプチっとしたポピーシードの食感も楽しい、ころんとかわいいスコーンです。
朝食にもティータイムにも活躍します。

材料（8個分）

A 薄力粉…120g
　ベーキングパウダー…小さじ1
　きび砂糖…20g
　塩…ふたつまみ
　ブルーポピーシード…10g
B 生クリーム…100g
　ヨーグルト…15g
レモンの皮のすりおろし…1/2個分
※レモンは国産を使用。

レモンシュガー
　レモンの皮のすりおろし…1/4個分
　グラニュー糖…小さじ2

下準備

・天板にオーブンシートを敷く。
・オーブンを180℃に温める。

作り方

1 Aをポリ袋に入れ、袋の口をねじってしっかりと閉じ、よく振ってふるい合わせる。
2 Bを合わせてフォークでよく混ぜ、1に加える。レモンの皮も加える。
3 袋の口をねじってしっかりと閉じ、よく振り混ぜる。ようやくまとまるくらいになれば、袋の上から手でざっとまとめる。
4 キッチンばさみで袋を切り開き、生地を「2つ折りにして手でのす」ことを4〜6回繰り返してまとめる。
5 8等分して丸め、天板に並べる。レモンシュガーの材料を合わせてかけ、180℃のオーブンで15分ほど焼く。

 ## ココア×栗のスコーン

ほのかに苦味の効いたココア生地に刻んだ栗の渋皮煮を入れて。
栗の渋皮煮の代わりに栗の甘露煮でもおいしくできます。

材料（8個分）

A 薄力粉…105g
　ココアパウダー…15g
　ベーキングパウダー…小さじ1
　きび砂糖…30g　塩…ひとつまみ
B 生クリーム…100g　ヨーグルト…15g
　栗の渋皮煮(市販)…100g

下準備

・栗は小さく刻み、キッチンペーパーに広げておく。
・天板にオーブンシートを敷く。
・オーブンを180℃に温める。

作り方

1 **A**をポリ袋に入れ（ココアパウダーは茶こしを通す）、袋の口をねじってしっかりと閉じ、よく振ってふるい合わせる。

2 **B**を合わせてフォークでよく混ぜ、1に加える。栗も加える。

3 袋の口をねじってしっかりと閉じ、よく振り混ぜる。ようやくまとまるくらいになれば、袋の上から手でざっとまとめる。

4 キッチンばさみで袋を切り開き、生地を「2つ折りにして手でのす」ことを4～6回繰り返してまとめる。

5 8等分して丸め、天板に並べる。180℃のオーブンで15分ほど焼く。

コーヒー×ヘーゼルナッツのスコーン

インスタントコーヒーではなく細挽き豆を使った大人味のスコーンです。
ローストしたヘーゼルナッツがゴロゴロと入っているので、おなかも満足するはず。

材料（8個分）

A 薄力粉…100g
　ベーキングパウダー…小さじ1
　きび砂糖…30g　塩…ひとつまみ
　コーヒー豆（細挽き）…10g
　ヘーゼルナッツ（ロースト）…50g
B 生クリーム…100g　ヨーグルト…15g

下準備

・ヘーゼルナッツはポリ袋に入れ、めん棒で叩いて砕く。
・天板にオーブンシートを敷く。
・オーブンを180℃に温める。

作り方

1 Aを、ヘーゼルナッツを砕いたポリ袋とは別のポリ袋に入れ、袋の口をねじってしっかりと閉じ、よく振ってふるい合わせる。

2 Bを合わせてフォークでよく混ぜ、1に加える。

3 袋の口をねじってしっかりと閉じ、よく振り混ぜる。ようやくまとまるくらいになれば、袋の上から手でざっとまとめる。

4 キッチンばさみで袋を切り開き、生地を「2つ折りにして手でのす」ことを4〜6回繰り返してまとめる。

5 8等分して丸め、天板に並べる。180℃のオーブンで15分ほど焼く。

プレーンソーダブレッド

ソーダブレッドは本来重曹を使用して作るのですが、
ここではベーキングパウダーでふくらませる作りやすいレシピをご紹介します。
まわりはカリッと、中はふかふか、焼き立てをそのまま頬張ってみて！

材料（1個分）

A 薄力粉…85g
　グラハム粉…15g
　ベーキングパウダー…小さじ1
　きび砂糖…10g
　塩…ふたつまみ
B オリーブオイル…15g
　牛乳…50g
　ヨーグルト…30g
薄力粉…適量

下準備

・天板にオーブンシートを敷く。
・オーブンを200℃に温める。

作り方

1 **A**をポリ袋に入れ、袋の口をねじってしっかりと閉じ、よく振ってふるい合わせる。

2 **B**を合わせてフォークでよく混ぜ、**1**に加える。

3 袋の口をねじってしっかりと閉じ、ほぼひとまとまりになるまで振り混ぜる。

4 キッチンばさみで袋の隅を大きく切り、オーブンシートに絞り出すようにして落とす。

5 手に水（分量外）を少量つけ、手早く丸く形作り、茶こしで薄力粉を振る。

6 ナイフで底まで十字に切り込みを入れ、200℃のオーブンで20分ほど焼く。

PROCESS POINT

いちじくのソーダブレッド

ドライフルーツの中でも人気の高いいちじくを使用した、
ほんのり甘酸っぱいソーダブレッドです。食事に添えても、おやつにしても。

材料（1個分）
A 薄力粉…90g　グラハム粉…10g
　ベーキングパウダー…小さじ1
　きび砂糖…15g　塩…ふたつまみ
バター（食塩不使用）…20g
B 牛乳…45g　ヨーグルト…30g
ドライいちじく…80g　薄力粉…適量

下準備
・バターは電子レンジにかけて溶かす。
・ドライいちじくは粗く刻む。
・天板にオーブンシートを敷く。
・オーブンを200℃に温める。

作り方
1　Aをポリ袋に入れ、袋の口をねじってしっかりと閉じ、よく振ってふるい合わせる。

2　1にバターを加えたら、Bを合わせてフォークでよく混ぜ、ドライいちじくも加える。

3　袋の口をねじってしっかりと閉じ、ほぼまとまるまで振り混ぜる。

4　キッチンばさみで袋の隅を大きく切り、オーブンシートに絞り出すようにして落とす。

5　手に水（分量外）を少量つけ、手早く丸く形作り、茶こしで薄力粉を振る。ナイフで底まで十字に切り込みを入れ、200℃のオーブンで20分ほど焼く。

マルチシリアルのソーダブレッド

グラハム粉の代わりに、麦芽粉やオーツ麦、ヒマワリの種などをミックスした
マルチシリアルを入れて雑穀ブレッドに。雑穀の香ばしさが食欲をそそります。

材料（1個分）

A 薄力粉…80g　マルチシリアル…20g
　ベーキングパウダー…小さじ1
　きび砂糖…10g　塩…ふたつまみ
B 植物性オイル…15g　牛乳…50g
　ヨーグルト30g
薄力粉…適量

下準備

・天板にオーブンシートを敷く。
・オーブンを200℃に温める。

作り方

1 Aをポリ袋に入れ、袋の口をねじってしっかりと閉じ、よく振ってふるい合わせる。

2 Bを合わせてフォークでよく混ぜ、1に加える。

3 袋の口をねじってしっかりと閉じ、ほぼまとまるまで振り混ぜる。

4 キッチンばさみで袋の隅を大きく切り、オーブンシートに絞り出すようにして落とす。

5 手に水（分量外）を少量つけ、手早く丸く形作り、茶こしで薄力粉を振る。ナイフで底まで十字に切り込みを入れ、200℃のオーブンで20分ほど焼く。

90　CHAPTER4　おなかにうれしい満足感 スコーンとブレッド

オレンジスライスブレッド

インスタントドライイーストでふっくらと発酵させる、こねないパン。
缶詰のオレンジスライスをのせて焼けば、見た目にも美しく、
口の中でほどよい苦みと甘みが広がります。

材料（21×16.5×3cmのバット1台分）

A 強力粉…100g
　きび砂糖…20g
　インスタントドライイースト…小さじ1/2
　塩…小さじ1/4
牛乳…100g
バター（食塩不使用）…20g
オレンジスライス（缶詰）…12切れ

下準備

・バターを電子レンジにかけて溶かす。
・オレンジスライスは
　キッチンペーパーに広げて汁気を切る。
・バットにオーブンシートを敷く。

作り方

1 Aをポリ袋に入れ、袋の口をねじってしっかりと閉じ、よく振ってふるい合わせる。

2 1にバターを加えたら、牛乳を電子レンジで人肌程度に温めて加える。

3 袋の空気を抜いて、口をねじってしっかりと閉じ、手で2分ほどよく揉む。なめらかになれば、袋に空気を入れて口をひと結びする。

4 室温に置き、1.5～2倍程度に膨らむまで発酵させる（季節にもよるが45～60分ほど）。

5 キッチンばさみで袋の隅を大きく切り、バットに絞り出すようにして生地を落としたら、スプーンなどでバットいっぱいにざっと広げる。

6 ポリ袋か密閉容器に入れるなどし、20分ほど休ませる。オーブンを190℃に温める。

7 表面にオレンジスライスを並べ、190℃のオーブンで18～20分焼く。

PROCESS POINT

ハニーアーモンドブレッド

ふわふわブレッドに、カリッとした食感のアーモンドをトッピング。
はちみつをかける前にパラリと散らした塩味もアクセントになります。

材料（21×16.5×3cmのバット1台分）
A 強力粉…100g
　きび砂糖…20g
　インスタントドライイースト
　　…小さじ1/2
　塩…小さじ1/4
牛乳…100g
バター（食塩不使用）…20g
アーモンド…40g
塩・はちみつ…各適量

下準備
・バターを電子レンジにかけて溶かす。
・アーモンドはポリ袋に入れ、めん棒で叩いて砕く。
・バットにオーブンシートを敷く。

作り方
1 Aを、アーモンドを砕いたポリ袋とは別のポリ袋に入れ、袋の口をねじってしっかりと閉じ、よく振ってふるい合わせる。

2 1にバターを加えたら、牛乳を電子レンジで人肌程度に温めて加える。

3 袋の空気を抜いて、口をねじってしっかりと閉じ、手で2分ほどよく揉む。なめらかになれば、袋に空気を入れて口をひと結びする。

4 室温に置き、1.5〜2倍程度に膨らむまで発酵させる（季節にもよるが45〜60分ほど）。

5 キッチンばさみで袋の隅を大きく切り、バットに絞り出すようにして生地を落としたら、スプーンなどでバットいっぱいにざっと広げる。

6 ポリ袋か密閉容器に入れるなどし、20分ほど休ませる。オーブンを190℃に温める。

7 表面にアーモンドを散らして塩をパラリと振り、はちみつを回しかける。190℃のオーブンで18〜20分焼く。

 ## 黒豆×ラムアイシングブレッド

あっさりした甘みの黒豆を入れて焼いたブレッドを、ラムアイシングでおめかし。
コーヒーにもほうじ茶にも合う、和洋折衷なはんなりとしたお菓子です。

材料（21×16.5×3cmのバット1台分）
A 強力粉…100g
　きび砂糖…20g
　インスタントドライイースト
　　…小さじ1/2
　塩…小さじ1/4
牛乳…100g
バター（食塩不使用）…20g
黒豆（煮豆）…100g

ラムアイシング
粉砂糖…20g　ラム酒…小さじ1

仕上げ用の粉砂糖…適量

下準備
・バターを電子レンジにかけて溶かす。
・黒豆はキッチンペーパーに広げて汁気を切る。
・バットにオーブンシートを敷く。

作り方
1 Aをポリ袋に入れ、袋の口をねじってしっかりと閉じ、よく振ってふるい合わせる。

2 1にバターを加えたら、牛乳を電子レンジで人肌程度に温めて加える。

3 袋の空気を抜いて、口をねじってしっかりと閉じ、手で2分ほどよく揉む。なめらかになれば、黒豆を入れて軽く揉み混ぜ、袋に空気を入れて口をひと結びする。室温に置き、1.5～2倍程度に膨らむまで発酵させる（季節にもよるが45～60分）。

4 キッチンばさみで袋の隅を大きく切り、バットに絞り出すようにして生地を落としたら、スプーンなどでバットいっぱいにざっと広げる。

5 ポリ袋か密閉容器に入れるなどし、20分ほど休ませる。オーブンを190℃に温める。

6 190℃のオーブンで18～20分焼く。

7 アイシングの材料をとろりと混ぜ合わせ、冷めた5の表面にかけ、粉砂糖をふって仕上げる。

明太子マヨネーズブレッド

バターをオリーブオイルに代えて焼き上げた、お食事向きのブレッド。
定番の明太子マヨネーズを塗り広げて焼く、だれにでも好まれる安心のレシピです。

材料（21×16.5×3cmのバット1台分）
A 強力粉…100g
　きび砂糖…5g
　インスタントドライイースト
　　…小さじ1/2
　塩…小さじ1/4
B 牛乳…100g
　オリーブオイル…20g

明太子マヨネーズ
明太子…1/2腹　マヨネーズ…20g

下準備
・牛乳は電子レンジで人肌程度に温める。
・バットにオーブンシートを敷く。

作り方

1 Aをポリ袋に入れ、袋の口をねじってしっかりと閉じ、よく振ってふるい合わせる。

2 1にBを加え、袋の空気を抜いて、口をねじってしっかりと閉じ、手で2分ほどよく揉む。なめらかになれば、袋に空気を入れて口をひと結びする。室温に置き、1.5～2倍程度に膨らむまで発酵させる（季節にもよるが45～60分ほど）。

3 明太子は皮を除き、マヨネーズと混ぜ合わせ、明太子マヨネーズを作る。

4 キッチンばさみで袋の隅を大きく切り、バットに絞り出すようにして生地を落としたら、スプーンなどでバットいっぱいにざっと広げる。

5 表面にスプーンで明太子マヨネーズを塗り広げながら、表面をならす。ポリ袋か密閉容器に入れるなどし、20分ほど休ませる。オーブンを190℃に温める。

6 190℃のオーブンで18～20分焼く。

カラフルベジタブルブレッド

赤、黄、緑。ビタミンカラーの野菜をトッピングして焼いたヘルシーブレッド。
季節の野菜や冷蔵庫の残り野菜を上手に利用して、カラフルに焼いてみてください。

材料（21×16.5×3cmのバット1台分）

A 強力粉…100g
　きび砂糖…5g
　インスタントドライイースト
　　…小さじ1/2
　塩…小さじ1/4
B 牛乳…100g
　オリーブオイル…15g

トッピング
C かぼちゃ…50g　ズッキーニ…1/4本
　パプリカ…1/2個　ミニトマト…3個
　オリーブオイル…大さじ1/2
　塩…ふたつまみ
粉チーズ・黒胡椒…各適量

下準備
・牛乳は電子レンジで人肌程度に温める。
・バットにオーブンシートを敷く。

作り方

1 **A**をポリ袋に入れ、袋の口をねじってしっかりと閉じ、よく振ってふるい合わせる。

2 1に**B**を加え、袋の空気を抜いて、口をねじってしっかりと閉じ、手で2分ほどよく揉む。なめらかになれば、袋に空気を入れて口をひと結びする。室温に置き、1.5～2倍程度に膨らむまで発酵させる（季節にもよるが45～60分ほど）。

3 キッチンばさみで袋の隅を大きく切り、バットに絞り出すようにして生地を落としたら、スプーンなどでバットいっぱいにざっと広げる。

4 ポリ袋か密閉容器に入れるなどし、20分ほど休ませる。オーブンを190℃に温める。

5 トッピングを用意する。かぼちゃとズッキーニは厚さ3mm程度の薄切り、パプリカは細切り、ミニトマトは2等分し、オイル、塩と共に、別のポリ袋に入れる。軽く振り混ぜてなじませる。

6 **4**に**5**をのせて粉チーズをふり、190℃のオーブンで20分ほど焼く。仕上げに黒胡椒を振る。

稲田多佳子（いなだ・たかこ）

京都生まれ京都在住。ウエブサイト「caramel milk tea」にアップされるお菓子の写真とエッセイが評判を呼び、レシピ本を多数出版。特に、主婦目線で考案されたボウル一つで作るさまざまな焼き菓子は、だれでも失敗なく作れておいしいことから、初心者はもちろん、多くのお菓子好きの心を魅了する。現在も、特別な道具がなくても気軽にポリ袋で作れるお菓子をはじめ、お菓子や料理に関する研究を日々続けながら、年に数冊のペースで本作りをしている。
http://takako.presen.to
インスタグラムアカウント takakocaramel

STAFF
撮影／疋田千里、稲田多佳子
デザイン／中山詳子（松本中山事務所）
イラスト／松本孝志（松本中山事務所）
企画編集／株式会社 童夢

材料を入れて混ぜて焼くだけ。おやつパンも！
ポリ袋でつくる たかこさんの焼き菓子　NDC596

2018年10月20日　発　行

著　者　稲田多佳子
発行者　小川雄一
発行所　株式会社 誠文堂新光社
　　　　〒113-0033　東京都文京区本郷3-3-11
　　　　［編集］電話 03-5805-7285
　　　　［営業］電話 03-5800-5780
　　　　http://www.seibundo-shinkosha.net/
印刷所　株式会社 大熊整美堂
製本所　和光堂 株式会社

©2018,Takako Inada.　Printed in Japan
検印省略

万一落丁、乱丁本は、お取り替えいたします。本書掲載記事の無断転用を禁じます。また、本書に掲載された記事の著作権は著者に帰属します。これらを無断で使用し、展示・販売・レンタル・講習会等を行うことを禁じます。

本書のコピー、スキャン、デジタル化等の無断複製は、著作権法上での例外を除き、禁じられています。本書を代行業者等の第三者に依頼してスキャンやデジタル化することは、たとえ個人や家庭内での利用であっても、著作権法上認められません。

 ＜(社)出版者著作権管理機構　委託出版物＞
本書を無断で複製複写（コピー）することは、著作権法上の例外を除き、禁じられています。本書をコピーされる場合は、そのつど事前に、(社)出版者著作権管理機構（電話 03-3513-6969／FAX 03-3513-6979／e-mail:info@jcopy.or.jp）の許諾を得てください。

ISBN978-4-416-61820-2